Annelie Gerhard
Poesie der leisen Töne
Zeitgetragen

Gedichte
Band 1

AF210145

Impressum

Bibliografische Information der Deutschen Nationalbibliothek:
Die Deutsche Nationalbibliothek verzeichnet diese Publikation in der Deutschen Nationalbibliografie; detaillierte bibliografische Daten sind im Internet über http://dnb.dnb.de abrufbar.

Die automatisierte Analyse des Werkes, um daraus Informationen insbesondere über Muster, Trends und Korrelationen gemäß §44b UrhG („Text und Data Mining") zu gewinnen, ist untersagt.

Lyriklektorat: Holger Kellmeyer
Cover: Lisa Stöckel »Bleeding Colours Coverdesign«
Autorenlogo: Florin Sayer-Gabor »100covers4you«
Verlag: BoD · Books on Demand GmbH, Überseering 33, 22297 Hamburg,
bod@bod.de
Druck: Libri Plureos GmbH, Friedensallee 273, 22763 Hamburg

ISBN: 978-3-7693-2818-9

Annelie Gerhard

Poesie
der leisen Töne

Zeitgetragen

Gedichte

»Freude am Leben, Freude am Glück.
Sehen statt Suchen, das Kleine im Blick.«

Liebe Leserinnen und Leser,

ich lade Sie herzlich ein, sich gemeinsam mit mir auf die kleinen und leisen Momente einzulassen. Sie sind es, die uns durch die Zeit tragen und unser Leben einzigartig machen.

Bereits an dieser Stelle bedanke ich mich für die Zeit, die Sie meiner Poesie schenken und hoffe, mich im Gegenzug mit schönen Lesemomenten bei Ihnen zu revanchieren.

Annelie Gerhard

INHALT

Momente des Glücks 13

Momente zum Träumen 37

7

Momente der Stille 57

Momente zwischen Himmel und Meer 83

Momente für die Ewigkeit 101

Nachtrag 118

Momente

des

Glücks

Glückumwoben

Was bedeutet für Sie Glück?
Damit meine ich nicht das alles umfassende Lebensglück. Vielmehr frage ich nach den kleinen Glücksmomenten, die Sie durch den Alltag tragen.

Was erfüllt Sie mit Freude? Was zaubert Ihnen ein Lächeln ins Gesicht? Wenn Sie darüber nachdenken, welche Momente kommen Ihnen in den Sinn?

Klatschmohn am Wegrand oder ein Rotkehlchen im Apfelbaum gehören für mich ebenso dazu wie Rosenblüten und Fliederduft in unserem Garten, ein schönes Bild oder eine hübsche Melodie. Ein Besuch am Meer, Muscheln im Sand oder ein sternenklarer Himmel sind für mich weitere dieser unzähligen Momente.

Vielleicht haben wir ja einige Gemeinsamkeiten.

POESIE DER LEISEN TÖNE

Stillbewegt

Ich hab' das Paradies gesehen,
vor dem Haus, in unserem Garten.
Wo Wünsche in Erfüllung gehen
und Wunder auf mich warten.

Hab' seiner Melodie gelauscht
und dem Gesang der Farben,
die mich mit ihrem Klang berauscht,
wollt' mich daran erlaben.

Ich hab' das Paradies gesehen,
lichtgetränkt, pinselstrichschön.
Mit Tränen im Blick,
stillbewegt, der Welt entrückt.

Ich hab' das Paradies gesehen.
Wär' gern ewig geblieben.
Wollt' nie wieder gehen.

POESIE DER LEISEN TÖNE

Schwebend

Frei
wie ein schöner Gedanke.
Leicht
wie ein glücklicher Moment.
Hochgefühl
ohne Schranke.
Feuer,
das in der Seele brennt.

Gedicht vom Glück

Da sitzt einer
am Rand der Welt
und baumelt mit den Beinen,
hat über sich
das Himmelszelt,
ist ganz mit sich im Reinen.

Pflückt Sterne
in der Dunkelheit und
greift nach seinen Träumen,
schwebt dabei
durch Raum und Zeit,
nichts gilt es zu versäumen.

Ein andrer sitzt
am Rand der Welt
und wartet auf sein Glück.
Er fragt sich,
wer's ihm vorenthält.
Vor Gram getrübt sein Blick.

Die Zeit
ganz unbemerkt verrinnt,
er übersieht das Eine:
Viel gäb' es,
was ihn glücklich stimmt.
Erkennen muss er's alleine.

MUSIK

Musik ist für die Seele zugleich Balsam und Nahrung.
Eine Wegbegleiterin, die unterschiedlichste Emotionen hervorlockt. Die einen lässt sie vergessen, die anderen werden von längst verloren geglaubten Erinnerungen eingeholt. Diese Aufzählung ist so unendlich wie die Klangkompositionen und die Hörerschaft selbst.

Während meiner ersten Berührung mit den Klängen des italienischen Komponisten Mattia Morleo entstand das Gedicht »ETÜDE NR. 5«.

Etüde Nr. 5

Wenn Musik beflügelt mich,
gleit' ich sanft dahin,
Klänge warm wie Sonnenschein,
von Glück erfüllt mein Sinn.

Wenn Musik wie Daunenflaum
mich hoch und höher hebt,
Klänge zart und federleicht,
mein Herz vor Freude bebt.

Wenn Musik mir Träume schenkt
und durch die Nacht mich trägt,
Klänge hell wie Sternenglanz,
mein Herz im Rhythmus schlägt.

POESIE DER LEISEN TÖNE

Sanfte Landung

Momente für die Ewigkeit,
geboren im Augenblick.
Lass' mich fallen,
ganz ohne Angst,
und lande sanft
im Glück.

POESIE DER LEISEN TÖNE

Alles, was zählt

Was zählt für mich
in meiner Welt?

Eine Melodie,
die mir vor die Füße fällt.

Eine Poesie,
die mich zutiefst berührt.

Eine Malerei,
die mir vor Augen führt,
wozu Worte nie in der Lage.

Meine Lieblingsmenschen,
bei Nacht wie auch bei Tage.

Wenn das Glück mal traurig ist

Wenn das Glück mal traurig ist,
wer heitert es dann auf?
Wer schafft es, dass es wieder lacht
und andre um sich glücklich macht?

Wenn der Sonnenschein verblasst,
wer findet dann den Weg?
Wer bringt das Leuchten ihm zurück
und Leichtigkeit in seinen Blick?

Wenn der Regen weinen muss,
wer bietet ihm dann Trost?
Wer trocknet sanft ihm sein Gesicht
bis Sonne durch die Wolken bricht?

Wenn dem Wind die Luft ausgeht,
wer treibt ihn wieder an?
Wer macht die Flaute wieder wild
und ihn eher stürmisch anstatt mild?

Wenn das Meer plötzlich schweigt,
wer geht dem auf den Grund?
Wer schaukelt Wellen hin und her,
damit es raunen kann, das Meer?

Wenn die Antwort sich verbirgt,
im dunklen Irgendwo,
hör gut hin und du nimmst wahr,
ihr Flüstern hell und sternenklar.

POESIE DER LEISEN TÖNE

Tränenglanz

Momente des Lichtes
lassen mich schweben,
mich Höhen erleben,
entzückt sein vor Glück,
vor Freude verrückt,
meine Augen voll Glanz
von der Tränen Tanz.

SONNENKINDER

Unsere drei Töchter sind mein ganzer Stolz. Für sie gebe ich alles. Meine Liebe, meine Kraft. Vom ersten »Herzlichen Glückwunsch, Sie sind schwanger!« bis in alle Unendlichkeit. Und sie, sie schenken mir ihre Liebe und ihr Urvertrauen.

Sonnentage

Ihr seid für mich
die Summe aller Sonnentage,
die ich zu allen Zeiten,
den warmen
und den kalten,
in meinem Herzen trage.

GLÜCKSANKER

Das Leben ist nicht immer wie ein himmelblauer und windstiller Sommertag im August. Manchmal braut sich direkt über unserem privaten Universum ein tosendes Sturmtief zusammen. In diesen Momenten fällt es mir schwer, den Fokus auf das kleine Glück nicht aus den Augen zu verlieren.

Laut einem meiner Lieblingszitate, es stammt von dem irischen Schriftsteller Oscar Wilde, wird am Ende alles gut.

Daran halte ich unerschütterlich fest. Auch wenn sich in jenen stürmischen Zeiten die Frage stellt, wie lange besagtes Ende auf sich warten lässt.

»Am Ende wird alles gut. Und wenn es nicht gut ist, ist es noch nicht das Ende.«

Welchen helfenden Anker haben Sie?

Nach dem Sturm

Wenn der Sturm sich gelegt,
sich kein Halm mehr bewegt,
wenn die Nacht ist vorbei
und der Tag wieder frei,
wenn die Luft endlich klar
wie sie's lang' nicht mehr war,
wenn sie kraftvoll und rein,
geh' ich raus, atme ein.
Fühl' die Welt um mich leicht
und die Zeit, die verstreicht,
mich bestärkt und belebt,
neue Wege anstrebt.

Momente

zum

Träumen

Traumversunken

Ich verwette meinen Rosengarten, dass selbst die zeitbewusstesten Realisten unter Ihnen gelegentlich vor sich hinträumen.
Wertvolle Momente, denn Tagträumerei ist keine verlorene Zeit, sondern ein Auftanken der Seele.

Auf diese Weise gestärkt ist es viel wahrscheinlicher, dass wir dem ein oder anderen unserer Träume eines Tages in der Wirklichkeit begegnen. Und das ist von mir keineswegs nur so daher gesagt.

Vincent van Gogh sagte einmal: »Ich träume mein Gemälde und male meinen Traum.«

Sind seine einzigartigen Werke nicht Beweis genug? Diese und die von Claude Monet waren es, die meine Freude an der impressionistische Malerei in früher Jugend geweckt hatten.
Umgeben vom Zauber der Farben und des Lichtes bin ich dieser Bilderwelt bis heute auf enge Weise verbunden.

Tagträumerin

Die Welt verliert an Farbe,
doch ich bleib', wie ich bin.
Selbst bis zum bitteren Ende.
Bleib' Tagträumerin.

Träum' mich zu bunten Wiesen
und in den Garten von Monet.
Beseelt vom Licht des Farbspiels,
das ich im Tagtraum seh'.

Tanz unter van Goghs Sternen,
ihr Anblick mich betört.
Dreh' mich zum Klang der Farben,
den ich im Traum gehört.

Ich tunk' die Welt in Farbe,
wie von den Zweien geführt.
Verzückt vom Farbenzauber,
der jedes Herz berührt.

Und wenn mein Tagtraum endet,
blick' ich zum Horizont,
dem, pinselstrichdurchzogen,
Hoffnung innewohnt.

STERNENTRÄUME

In klaren Nächten betrachte ich gerne den Sternenhimmel.

Manche legen die Vermutung nahe, jemand hätte extra für mich eine Handvoll Sterne verstreut.

Ganz besondere Nächte sind von einer Magie durchwoben, die mich auf eine Reise inmitten von Van Goghs Gemälden schickt.

Vincents Spuren

Ich schau' aus dem Fenster
und glaube es kaum,
ich bin mittendrin
im Sommernachtstraum.

Die Sterne, sie funkeln
in all ihrer Pracht,
der Mond indes
über den Himmel wacht.

Glühwürmchen tanzen,
Planeten sich drehen,
Sternschnuppenwünsche
in Erfüllung gehen.

POESIE DER LEISEN TÖNE

Abenddämmerung

Der Tag verträumt
die Nacht ersehnt,
zur blauen Stund'
sich an sie lehnt.
Hat sehnsuchtstrunken
sie vermisst,
zur Dämmerung
sie sanft geküsst,
zum Abschied
ihr sein Herz geschenkt,
den Himmel
in tiefes Blau getränkt.

Sommernachtsball

Die Nacht gibt sich die Ehre
und lädt zum Balltanz ein.
Die ganze Himmelssphäre
wird heut' zu Gaste sein.

Gehüllt in dunklem Samte
mit Sternen reich bestickt.
Als ob die Nacht entflammte,
ihr Anblick ganz verzückt.

Wandelt mit einer Anmut,
ihr Abendkleid erstrahlt.
Verziert mit jener Goldflut,
wie von Van Gogh gemalt.

Der Wind spielt auf zum Tanze,
Zikaden erklingen im Chor.
Der Mond in vollem Glanze
neigt sich zur Erde vor.

Führt sie galant im Kreise
zum Takte der Musik,
auf solch charmante Weise,
die Nacht, sie weint vor Glück.

Sternschnuppen regnen nieder,
Kometenschweife weh'n,
spiegeln im Meer sich wider.
das Fest soll nie vergeh'n.

POESIE DER LEISEN TÖNE

Mondzauber

Momente im Mondlicht
magisch und rein.
Sternschnuppen auf Reisen,
ihr Wunsch bleibt geheim.

Aus Sternen geboren,
die Träume der Nacht
und wieder verloren,
wenn die Sonne erwacht.

POESIE DER LEISEN TÖNE

Milchstraße voller Träume

Augen leicht geöffnet,
spür', es ist so weit.
Lausche deinem Herzschlag
und dem Klang der Zeit.

Über mir ein Funkeln,
liege auf weichem Moos.
Tauche ein ins Sternenmeer,
treibe schwerelos.

Mit dir fühl' ich die eine,
die ganz besond're Macht,
das unbeschwerte Wunder
dieser Sommernacht.

Die Sterne oben weisen
den Weg durch Zeit und Raum.
Es ist, als würd' ich reisen
durch einen schönen Traum.

Schattenspiele

Schattenspiele
in nächtlicher Kühle.
Verschwommene, milde,
filigrane Gebilde.
Festgehalten
im Lichtschein der Nacht,
als der Vollmond mich
um den Traum gebracht.

POESIE DER LEISEN TÖNE

Traumwandler

Ich wandle durch
das Labyrinth der Träume
und kappe den Bezug
zur Realität.

Ich wandre durch
mir unbekannte Räume,
des Tags sonnenklar,
des Nachts sternbesät.

Traumstill gelang ich
bis ans Ende der Zeit
und umgehe den Treibsand
des Lebens.

Er rinnt durch
die Sanduhr der Ewigkeit.
Auf mich wartet er
vergebens.

Momente

der

Stille

Stillvertraut

Still ist es um mich herum, bis auf das gleichmäßige Ticken unserer Wanduhr. Ihr Klang hat etwas Beruhigendes. Er ist für mich Sinnbild für Beständigkeit und Ewigkeit.

Tick, tack, tick, tack. Moment für Moment.
Unzählige Augenblicke lassen auf diese Weise die Zeit entstehen und vergehen. Jeder einzelne davon sollte für sich gelebt werden. Darin haben Kinder uns Erwachsenen einiges voraus.

Konnten Sie sich diese Gabe aus Kindheitstagen bewahren?

Mich auf den einzelnen Moment einzulassen und ins absolute Jetzt einzutauchen, gelingt mir mal mehr, mal weniger. Manchmal hinken meine Gedanken hinterher, manchmal eilen sie voraus.

Die Wanduhr schlägt zur vollen Stunde und unterbricht den Zauber der Stille. Jenen Zauber, dem die nächsten Gedichte gewidmet sind.

Durch die Zeit
getropft

Die Welt um mich,
sie schläft und schweigt,
träumt einen letzten Traum.
Derweil der Mond
bereits verbleicht
über des Waldes Saum.

Die Tage kommen
und vergeh'n.
Sie tropfen durch die Zeit.
Nur manchmal bleibt
ein Tag besteh'n
im Glanz der Ewigkeit.

Noch nicht ganz Tag,
auch nicht mehr Nacht,
Stille hüllt mich ein.
Einzig die Wanduhr,
sie tickt sacht
im sanften Dämmerschein.

Sie pendelt ruhig,
ihr Takt stets gleich,
verspricht Beständigkeit.
Derweil Momente
neu geboren
im Spiel aus Klang und Zeit.

Am Horizont
die Sonne steigt,
gleich hinterm Apfelbaum.
Die Welt um mich
wird langsam wach.
Vorbei der letzte Traum.

POESIE DER LEISEN TÖNE

Nebelvorhang

Nebel taucht
früh morgens
Natur in schönen Schein.
Es wirkt, als möcht' er haben
die Welt für sich allein.

Unendlich leicht
sein Schweben,
umhüllt mit seiner Pracht
all das, was er kann greifen,
was wie für ihn gemacht.

Das Einz'ge,
was er hergibt
die Vorstellung vom Sein.
Natur hinter dem Vorhang,
verborgen und geheim.

POESIE DER LEISEN TÖNE

Morgenstimmung

Still steht die Zeit
am Wiesengrund
und der Tag schläft noch
in den Bäumen,
bis Nebelküsse,
hauchzart und leicht,
ihn wecken
aus seinen Träumen.

Ruhig liegt der See,
schläft noch im Schilf
und träumt
von blauen Libellen,
die fröhlich tanzend,
im Morgenlicht,
sich spiegeln
in sanften Wellen.

POESIE DER LEISEN TÖNE

Geheimnisse

Verschlossen zwischen
Tag und Traum,
verborgen still im Blütensaum,
wächst ein Geheimnis
zart und schlicht.
Etwas Geduld,
bald zeigt es sich.

Gedankenspiele

Leise wandern die Gedanken
voller Sanftmut mit Bedacht.
Ein Gedanke folgt dem andern.
Kleine Wunder, große Macht.

POESIE DER LEISEN TÖNE

Waldeinsamkeit

Es zieht mich hinaus
in die Einsamkeit,
in die Stille der Natur.
Über mir flüstert
das Blätterdach,
neben mir säuselt
vergnügt ein Bach
und der Wind singt
ein Lied in C-Dur.

ITALIEN

Mein fernes Heimweh. Die mir vertrauten Weiten der südlichen Toskana, die in sanften Wellen bis zum Horizont reichen, strahlen eine Ruhe aus, die mich umgehend einnimmt. Diese stillen Momente sind für mich kostbar und von unschätzbarem Wert.

Haben Sie Lust, mich auf einen poetischen Kurzurlaub dorthin zu begleiten?

Seelenort

Neben der Einfahrt
ein Willkommensschild,
die Hügel dahinter
ungezähmt, wild.

Verschlungene Wege,
versunkene Welt,
in der jedes Muss
von den Schultern fällt.

Geborgenheit atmen,
Ruhe kehrt ein.
Die Weite der Landschaft
lässt selig mich sein.

Sprachlos vor Freude,
kein einziges Wort.
Angenommen,
angekommen,
an meinem Seelenort.

POESIE DER LEISEN TÖNE

Himmelsmeer

Um mich herum
die Hügelweiten
sanft wogend
in den Himmel gleiten.
Sie tauchen in seine Tiefen ein
- ich mittendrin –
im leichten Sein.
Vollkomm'nes Glück,
Zufriedenheit.
Ein Ozean blauer Unendlichkeit.
Ein Sturm zieht auf,
bringt aus der Ferne
kraftgefüllte Wolkenberge.
Donnergrollen.
Von irgendwoher.
Schwarzblau
färbt sich das Himmelsmeer.
Und zaubergleich,
des Sturmes Drang
endet so schnell,
wie er begann.

POESIE DER LEISEN TÖNE

Heimweh

Hab' Heimweh nach der Ferne.
Ich träum' mich von hier fort.
Dorthin, wo ich gerne wäre,
zu meinem Sehnsuchtsort.

Dort hör' ich auf zu denken.
Dort hör' ich auf zu sein.
Dort atme ich die Sanftmut
der Weite innig ein.

Ein Platz in sanften Hügeln.
Ein schmaler Pfad führt hin.
Ein Ort der Seelenstille,
an dem ich glücklich bin.

Öffne die Fensterläden,
es flutet Sonnenschein
in Haus und Herz und Seele
und in mein ganzes Sein.

ABSCHIEDSBLUES

Nach jedem neuen Aufenthalt in der Toskana brauche ich eine Weile, bis sich der Trennungsschmerz aufgelöst und meinen sommerlichen Erinnerungen den ihnen gebührenden Platz freigeräumt hat.

Erst dann bin ich wieder vollkommen - mit Herz und Seele - in meinem mecklenburgischen Zuhause mit seinem kleinen Rosengarten angekommen.

Sehnsuchtsmelodie

Wie sie mir fehlen,
die leisen Klänge
von Kirchenglocken, die
- wie Sommermelodien -
über Hügel hinweg,
durch blaue Lüfte ziehen
und meine Gedanken
in weite Ferne locken.

IN STILLEM GEDENKEN

Es gibt Abschiede, die mit ihrer Endgültigkeit eine Stille hinterlassen, die sich kaum füllen lässt.

Seit ich mit dem Schreiben begonnen habe, bin ich vielen Gleichgesinnten begegnet. Mit einem kleinen Kreis verbindet mich mehr als nur das Interesse am geschriebenen Wort.
Es sind zwischenmenschliche Werte wie Akzeptanz, Vertrauen und Ehrlichkeit, welche diese Autorenfreundschaften zu einem Geschenk haben werden lassen.

Die letzten beiden Gedichte in diesem Kapitel widme ich zwei Freunden unter ihnen, denen ich viel zu früh »Lebewohl« sagen musste.

Abschied

Tausend Dinge
in meinen Gedanken
und dennoch ist
mein Kopf so leer.
Mein Verstand
gefüllt mit Wissen
und mein Herz
davon ganz schwer.
Hast tausend Schlachten
mit Willen bezwungen,
dem Schicksal dich
in den Weg gestellt.
Jetzt legst du nieder
alle Schwerter.
Nimmst leise Abschied.
Fehlst meiner Welt.

Liebe Jacqueline, deine Kraft
hat mir Trost gespendet.
04.08.1961 - 06.05.2020

Letzte Vorstellung

Der Vorhang ist gefallen.
Die letzte Vorstellung vorbei.
Bretter, die eben noch deine Welt
und vom Rampenlicht erhellt
ohne dich einerlei.
Verklungen der Applaus.
Menschenleer
Parkett und Ränge,
Logenplätze, Treppengänge.
Das Publikum längst fort.
Bis auf die
zutiefst Berührten.
Dein Stück geht mir sehr nahe.
Wirkt tief. Hallt nach.

Erzählt es doch
von der Endlichkeit des Seins
und von Hoffnung
in unseren Herzen,
von ungeweinten Tränen
und unbelachten Scherzen,
von unerfüllten Wünschen
und unfertigen Geschichten,
von nicht bestaunter Kunst
und ungelesenen Gedichten.
Das letzte Licht erlischt.
Dein letztes Stück
Erinnerung.
Die letzte Träne weggewischt.

Für dich, lieber Jens. Ich vermisse unseren belebenden
Austausch, deinen Ansporn und deinen Humor.
22.03.1958 - 21.12.2022

Momente

zwischen

Himmel und Meer

Wellengeküsst

Als Mecklenburgerin ist mit der hiesigen Seenland-
schaft und der Ostsee die Liebe zum Wasser natur-
gemäß fest in meiner DNA verankert. Gewiss liegt
hierin auch meine poetische Verbundenheit zum
Meer begründet.

Der immerwährende, blaue Wasserkreislauf und der
berauschende Klang der Wellen, der bis zu den
Sternen reicht, haben mich unwiderruflich für sich
eingenommen.

Ob es an der grenzenlosen Vielfalt von Blautönen liegt, der Weite oder an den Wellen selbst, die mal spielerisch leicht und mal wild schäumend vom Horizont bis zum Ufer reichen, kann ich mir selbst nicht erklären. Mit Bestimmtheit weiß ich jedoch, dass das Meer bei keinem meiner Besuche gleich ist.

Einzig eine Tatsache bleibt unverändert: Mein Herz stimmt in den Pulsschlag der Wellen ein. Es herrscht mein ganz und gar persönlicher Gleichklang.

POESIE DER LEISEN TÖNE

Blaues Glück

Sitz' an der Ostsee.
Seele voll Glück.
Genieße die Weite.
Lehn' mich zurück.

Betrachte die Wellen.
Lausche dem Wind.
Herzschlag wird ruhiger.
Einkehr beginnt.

Kopf in den Wolken.
Fühl' mich ganz leicht.
Heb' ab und fliege.
Alles erreicht.

Schmecke die Seeluft.
Atme tief ein.
Schließe die Augen.
Möcht' ewig hier sein.

Pulsschlag des Meeres

Atme ein den Meeresduft,
das Murmeln der Wellen im Ohr.
Schließe die Augen
und stelle mir dich
im sanften Abendlicht vor.

Nehme gewahr den leichten Wind,
Berührungen auf meiner Haut.
Spüre ein Streicheln,
als würdest du zart
liebkosen mich so vertraut.

Koste von der Erinnerung
an Küsse, die wir uns geschenkt.
Lausche dem Pulsschlag
der Wogen und hör'
wie dein Herz an meines denkt.

Löse mich auf mit dem Gefühl
von Wärme und Liebe in mir.
Endlos wie
Himmel und Wasser um mich
ist meine Sehnsucht nach dir.

Leise dringt in meinen Traum
dein Flüstern von irgendwoher.
Öffne die Augen,
du lächelst mich an.
Bin mit dir - hier - am Meer.

POESIE DER LEISEN TÖNE

Wellentänzer

Endlos weit das Himmelsblau
vom Wolkenweiß durchzogen.
Träume mich bis zum Horizont,
wo Wellentänzer wogen.

POESIE DER LEISEN TÖNE

Sonnengeküsst

Barfuß am Strand,
von der Sonne geküsst,
treibt losgelöst meine Seele
auf Wellen dahin
bis zum Horizont,
wo ich den Wolken von dir
erzähle.

Bei Tage zum Mond
von Gezeiten geführt,
schwebt schwerelos unsre Liebe
zu den Sternen hinauf
vom Wunsche beseelt,
dass sie immer und ewig
uns bliebe.

POESIE DER LEISEN TÖNE

Meerverliebt

Wellengeflüster
lauf' über vor Glück.
Ich brauche nur dich
und diesen Augenblick.

Meeressehnsucht
Wind küsst mein Haar.
Mit Wellen im Gleichklang,
dem Horizont nah.

Meeresweite
berührt mein Gefühl.
Im Herzschlag des Meeres,
die Seele am Ziel.

POESIE DER LEISEN TÖNE

Vergängliche Schönheit

Unendliche Ferne,
wohin der Blick reicht,
lockt das Blau am Himmel.
Fühl' mich frei und leicht.

Vergängliche Schönheit,
der Abschied fällt schwer.
Vermisse den Duft
nach Sommer und Meer.

POESIE DER LEISEN TÖNE

Polaroid

Ich finde im Schrank
mein Tagebuch
aus längst vergangener Zeit.
Und schlag' es auf,
entdecke uns
auf einem Polaroid.

Erinnerungen,
beinah verblasst
und dennoch so vertraut.
Sonne im Haar,
Herz in der Hand,
Salzwasser auf der Haut.

Momente für die Ewigkeit

Erinnerungstrunken

Nichts prägt uns intensiver als die eigene Kindheit. Mit unzähligen Erinnerungen schenkte mir meine einen grenzenlosen Reichtum an Inspirationen.

Blicke ich zurück, entdecke ich meine Leidenschaft für Bücher und den Blumengarten bei meiner Mutter. Meine Liebe zur Natur und zur Musik finde ich bei meinem Vater wieder.

Die Freude an der Kunst habe ich vielleicht von meinen Großeltern. Ein schöner Gedanke, denn mit ihnen war ich auf besondere Weise verbunden.

Das erste Gemälde, das mich schon als kleines Kind in seinen Bann gezogen hatte, hing in ihrem Haus. Jetzt in meinem.

Großmutter trug zu Familienfeiern seitenlange Reime vor und Großvater ließ mich mit aller Fürsorge an seinen Lebensweisheiten teilhaben.

In Hommage an meine verstorbenen Großeltern Lieselotte und Gerhard habe ich mein Pseudonym gewählt. Es ist für mich eine Wohlfühlsymbiose aus ihren Vornamen und meinem eigenen.

Einmal Vergangenheit

und zurück

Kindheit pur,
kunterbunt jeder Tag.
Dem Leben begegnen,
wie nur ein Kind es vermag.

Die Mutter voll Wärme,
der Vater ein Held.
Mit der Schaukel im Baum
bis zum Dach dieser Welt.

Momente der Jugend,
in Erinn'rung geblieben.
Zeit, sich zu entdecken,
Zeit, sich zu verlieben.

Herz voller Hoffnung,
vor Tatendrang blind.
Noch nicht ganz erwachsen,
doch auch nicht mehr Kind.

Einmal Vergangenheit
und wieder zurück.
Das ganze Programm
nicht nur ein Stückchen vom Stück.

Erinn'rungen pur
in all ihren Farben.
Manche trunken vor Glück,
andre schmerzend von Narben.

Tausend Wünsche ans Leben,
manch einer erfüllt.
Alle Fragen gestellt,
manch Geheimnis enthüllt.

Gedanken auf Reisen
oder verloren im Traum.
Wünsch' mich manchmal zurück
auf die Schaukel im Baum.

POESIE DER LEISEN TÖNE

Memoria

Ich seh' ein Bild und bin sofort
an einem weit entfernten Ort.
Sehnsucht nach vergang'ner Zeit,
Gedanken, die von heut' so weit
entfernt und doch ganz nah bei mir.
Seh' dein Gesicht.
Wünsch', du wärst hier.

Ich hör' ein Lied, treib' meilenweit
in jene fast vergessene Zeit.
In der der Sommer endlos war,
himmelblau und sonnenklar,
die Tage traumleicht wie der Wind.
Hör' dieses Lied.
Bin wieder Kind.

WÜNSCHE

Wer kennt nicht den Wunsch, einen wichtigen Menschen, von dem wir uns bereits für immer verabschieden mussten, noch ein einziges Mal in die Arme schließen zu dürfen?
Ich wäre für jeden noch so kurzen Augenblick dankbar.

Wunschgedanke

Wünsch' mir
nicht viel,
nur
etwas Zeit,
nur
einen Tag
Unendlichkeit.

POESIE DER LEISEN TÖNE

Raum und Zeit

Ich schwebe
zwischen
Raum und Zeit
und treffe dich
in meinen Träumen.
Dort wartet
auf uns
die Ewigkeit.
Ich will keinen
Moment
versäumen.

Angekommen

Wenn Sonnenstrahlen
durch das Blattwerk tingeln
und helle Blitze
mein Gesicht umzingeln.

Wenn Blütenträume
hoch vom Baume schweben
und schönste Muster
auf die Wiese weben.

Wenn der Moment so
nach Flieder schmeckt,
dass er Erinnerungen
an die Kindheit weckt.

Dann bin ich angekommen
in meinem Lieblingstraum,
in Großvaters Garten,
unterm Apfelbaum.

Dort liege ich versunken
im hohen Wiesengrün.
Seh' ein Stück vom Himmel
und die Sonne glüh'n.

Hör' zur Abfahrt rufen,
im Obstgarten versteckt.
Kau' auf einem Grashalm
und bleibe unentdeckt.

POESIE DER LEISEN TÖNE

Schwindlig vor Glück

Schau' ich in meine
Kindheit zurück,
möchte ich mich
in deine Arme werfen.
Und du drehst mich
im Kreise,
bis mir schwindelig wird
vor lauter Glück

Ein einziges Mal

Am liebsten würde ich
die Zeit zurückdrehen.
Nur weit genug, um
mit meiner Hand in deiner
spazieren zu gehen,
über die Wiesen
bis hin zum Weiler.

Am liebsten würde ich
die Zeit zurückdrehen.
Nur weit genug, um
dir staunend zuzuhören,
während du dabei bist,
mir kindgerecht
die Welt zu erklären.

Am liebsten würde ich
die Zeit zurückdrehen.
Nur weit genug, um
dir mein Herz auszuschütten,
darauf vertrauend,
wenn du mir versprichst,
meine Welt zu kitten.

Am liebsten würde ich
die Zeit zurückdrehen.
Nur weit genug,
um dich einmal noch,
nur ein einziges Mal,
- ein letztes Mal -
lächeln zu sehen.

Nachtrag

Über die Autorin

Annelie Gerhard (Pseudonym) ist im Sommer 1969 in Mecklenburg geboren und dort aufgewachsen. Mit ihrer Jugendliebe hat sie drei Töchter und lebt mit Hund und Katze in der Nähe ihrer Geburtsstadt.

Abgesehen von der Liebe zu ihrer Familie und der Freude an Kunst und Literatur hat sie ein Faible für Musik, Natur und Italien.

2019 bringt sie ihre Gedanken erstmals für die Öffentlichkeit zu Papier. Seither wurden ausgewählte Gedichte und Kurzgeschichten in Anthologien und Literaturzeitschriften publiziert.

Als erstes Soloprojekt veröffentlichte sie 2022 ihren Kurzroman »Sternenregen – Wie viele Sterne braucht das Glück?«.

Neben laufenden Schreibprojekten ist ein weiterer Gedichtband in Vorbereitung, der – in gewohnt leisen Tönen – Annelie Gerhards ganz persönliche Hommage an die Liebe sein wird.

Leseprobe Gedichtband 2

»Poesie der leisen Töne - Federleicht«

Wahre Liebe ist kein Mythos. Täglich begegne ich ihr in meiner Familie und an der Seite meines Mannes. Kein Wunder also, dass die Poetin in mir diese Liebe in Versen festhält.

Universum

Bist Sonne, Sterne, Mond
und ferne Galaxien.
Bist meine Wirklichkeit
und Wolkenträume, die am Himmel ziehen.
Bist mein Lichtermeer,
mein Schutz bei Dunkelheit.
Bist gestern, heute, morgen,
bist meine Lebenszeit.
Bist mein Schwung nach vorn,
mein Talisman, mein Glück.
Kurz: Du bist mein Universum
in jedem Augenblick.

Leseprobe Kurzroman

»Sternenregen – Wie viele Sterne braucht das Glück«

Italien, 1943

Als Stella in den Hügeln ihrer Heimat dem wagemutigen Soldaten Amadeo begegnet, beginnt für beide eine Zeit gemeinsamer Wünsche und Träume.
Bevor seine Einheit versetzt wird, geloben sie sich unter dem Sternenregen des Heiligen Lorenzo ein Für immer.

Nach einem erschütternden Einsatz trifft Amadeo eine Entscheidung, mit der er nicht nur sein Schicksal herausfordert, sondern auch das seiner großen Liebe.

Eine bittersüße Kurzgeschichte über die Kraft der Liebe und die Magie der Sterne.

»Genießen Sie die Aussicht?«

Amadeo schreckte auf und rieb sich über die Augen. Längst hatte die Morgendämmerung die Dunkelheit der Nacht abgelöst. Die vergangene Woche hatte ihren Tribut gefordert. Er musste auf der Bank eingenickt sein und hatte keine Ahnung für wie lange. Doch er wusste, dass ihn die Stimme, die ihn geweckt hatte, von nun an nicht mehr loslassen würde. Ausgetretene Stiefel lugten unter dickem Stoff hervor, der zu einem schlichten Rock gehörte. Die Hände tief in den Jackentaschen vergraben, stand vor ihm das schönste Wesen, das er je zu Gesicht bekommen hatte. Er war nie ein Schürzenjäger gewesen. Und auch kein unbeschriebenes Blatt. Sein Familienname zog in seiner heimatlichen Region Mädchen an wie Honig die Bienen. Er war sicher, soeben seine Bienenkönigin gefunden zu haben.

Der Wind hatte einzelne Strähnen aus dem locker gebundenen Zopf befreit. Amadeos Finger kribbelten, so sehr drängte es ihn, die Haare aus ihrem Gesicht zu streichen. Wachsam dreinblickende Augen, die zierliche Nase und die vollen Lippen stellten für ihn wahre Vollkommenheit dar.

»Haben Sie hier allein auf den Hügeln gar keine Angst?«, fragte er, um nicht wie ein Trottel zu starren.

»Sollten Sie nicht woanders sein und im Schlamm spielen?«

Er schmunzelte in sich hinein. Sie war nicht nur bezaubernd schön, sondern auch schlagfertig.

»Wo sind bloß meine Manieren?« Amadeo stand auf und machte eine leichte Verbeugung. »Gestatten Sie, dass ich mich Ihnen vorstelle. Amadeo De Luca. Noch Soldat in der Ausbildung. Bald Befreier der Welt von Krieg und Tyrannei.« Aus seinem Schmunzeln wurde ein Grinsen, so breit wie das nächste Tal.

Danksagung

Der letzte Abschnitt ist mir ein besonderes Anliegen, denn er gilt jenen, die mich mit ihrem Zuspruch und ihrer Unterstützung auf meinem Weg zu diesem Gedichtband begleitet haben.

Allen voran möchte ich mich von ganzem Herzen bei meiner Familie bedanken. Bei meinem Mann Ronald für sein schier unendliches Verständnis, wenn ich wieder einmal in meiner Wortwelt versunken war, seinen technischen Support und seine Ausdauer bei der Umsetzung meiner Wünsche zur Bildgestaltung.

Meinen Töchtern Alena, Nina und Paula danke ich tausendfach für ihre hilfreichen Gedanken zum Layout. Es ist kein Geheimnis, dass Entscheidungen mir noch nie leichtgefallen sind. Die drei haben selbst meine x-te Nachfrage zum gleichen Thema mit aller Engelsgeduld wiederholt beantwortet.

Ein großes Dankeschön gilt meinem Autorenfreund und Mentor Holger Kellmeyer. Er durchleuchtete meine Gedichte mit Herz und fundiertem Wissen auf

lyrische Stolperstellen. Seine immerwährende Hilfs-
bereitschaft hat mir die nötige Sicherheit geschenkt,
meine Gedichte zu veröffentlichen.

Mit meiner Coverdesignerin Lisa Stöckel hat mir das
Schicksal eine wahre Zauberin geschickt. Für ihr
künstlerisches Einfühlungsvermögen, mit dem sie
meine Poesie so treffsicher eingekleidet hat, kann ich
ihr gar nicht genug danken.

Meine Autorenfreundinnen Katja, Lilian und Sabine
möchte ich ebenfalls dankend erwähnen, denn unser
Austausch, ihr Ansporn und Vorbild haben mir stets
den nötigen Auftrieb gegeben, dieses Projekt durch-
zuziehen.

Mein abschließender Gedanke richtet sich an Sie,
liebe Leserinnen und Leser. Ich freue mich sehr, dass
Sie meiner Einladung gefolgt sind. Herzlichen Dank,
dass Sie mir einige Momente Ihrer Zeit geschenkt
und sich auf meine Poesie eingelassen haben.

Für regelmäßige Einblicke in meine Schreibprojekte
besuchen Sie mich gerne auf meinem Instagram-Account: